APOSENTADORIA DOS MOTORISTAS E COBRADORES DE ÔNIBUS

JOSÉ JUSCELINO FERREIRA DE MEDEIROS

CLEIDE REGINA QUEIROZ BATISTA

Esta é uma produção independente, Independently Published (2020), tendo como impressão e distribuição a Amazon.com.

2020 *Independently Published.*

DADOS INTERNACIONAIS DE CATALOGAÇÃO

MEDEIROS, Jose Juscelino Ferreira de; BATISTA, Cleide Regina Queiroz.

APOSENTADORIA DOS MOTORISTAS E COBRADORES DE ÔNIBUS

ISBN: 9798600724976

1. Direito. Direito Previdenciário. 3. Previdência Social. 4. Direito do Trabalho. 5. PEC 06/2019. 6. Emenda Constitucional 103/2019.

2020

1ª Edição

DEDICATÓRIA

Dedicamos este livro ao Ilustre Professor Doutor **JOSÉ BELTRÃO DE MEDEIROS,** que em muito contribuiu com a realização deste trabalho e de tantos outros nos ùltimos 20 anos, todos voltados a segurança e saúde do trabalhador.
    BELTRÃO, um mestre por excelência!!!

ÍNDICE

Página do título	1
Direitos autorais	2
Dedicatória	3
I - INTRODUÇÃO	7
II- APOSENTADORIAS ESPECIAIS	11
III – APOSENTADORIA ESPECIAL DOS MOTORISTAS E COBRADORES DE ÔNIBUS URBANOS	23
IV - A APOSENTADORIA ESPECIAL DOS MOTORISTAS E COBRADORES DE ÔNIBUS APÓS A REFORMA DA PREVIDÊNCIA	40
V - A PROPOSTA DE EMENDA CONSTITUCIONAL 133/2019	44
CONCLUSÃO	47
BIBLIOGRAFIA	49
OS AUTORES	51
NOTAS	55

I - INTRODUÇÃO

Inicialmente esclarecemos a você que teve contato com as poucas páginas desse livro que para nós é uma satisfação escrever sobre temas atinentes a profissão dos MOTORISTAS E COBRADORES de ônibus urbanos, pois, nos últimos 20 anos de nossas vidas nos dedicamos a essa tão importante categoria, que desempenha seu labor diariamente transportando a população usuária desse modal.

O papel dos condutores é singular no Brasil que detém seu principal modal o transporte rodoviário, aqui entendido como o modal sobre rodas. Profissão essa, muitas vezes não compreendida por muitos, contudo, diversos estudos apontam para as mais variadas dificuldades enfrentadas por esses profissionais, **por isso, indiscutivelmente podemos conceituar a atividade dos rodoviários[1] como penosa[2] e insalubre[3]**.

Já a algum tempo que estamos a escrever sobre os rodoviários, em especial buscando colocar no papel um pouco de nossa experiência nesses últimos anos no setor, em especial nos exercícios das profissões de Advogados e de Técnico de Segurança do Trabalho. Atualmente atuamos como consultores de algumas entidades de trabalhadores em transportes, entre as quais podemos citar o SINDICATO DOS MOTORISTAS

E TRABALHADORES EM TRANSPORTE RODOVIÁRIO URBANO DE SÃO PAULO e a NOVA CENTRAL SINDICAL DOS TRABALHADORES (NSCT).

Entre esses trabalhos técnicos profissionais e acadêmicos faço referência ao livro denominado de "OS IMPACTOS DO TRÂNSITO NO TRABALHO DOS PROFISSIONAIS DO TRANSPORTE COLETIVO DE SÃO PAULO" que é uma adaptação da dissertação de conclusão do curso de pós-graduação em políticas públicas e gestão governamental (Escola Paulista de Direito – EPD) do Doutor JOSÉ JUSCELINO FERREIRA DE MEDEIROS. O livro busca retratar as condições de trabalho dos rodoviários da Cidade de São Paulo, o que justifica que suas atividades são diferenciadas da regra geral. Vejamos, uma síntese da conclusão tratada no livro acima:

> "Quanto aos impactos do trânsito na saúde dos profissionais do transporte coletivo urbano de passageiros, evidenciou-se no decorrer do presente trabalho, que tais impactos contribuem decisivamente para o desencadeamento de diversas moléstias ocupacionais nos trabalhadores (como o estresse e a perda auditiva induzida por ruído), além de outras causas secundárias, como as condições técnicas dos veículos (motor dianteiro, câmbio manual, etc.), assim como as condições de saúde e segurança do trabalho (como jornada excessiva de trabalho, exposição ao ruído, vibrações e calor, etc.)."[4]

Com isso, elaboramos diversos estudos em sua grande maioria voltados a fundamentar a viabilidade do ADICIONAL DE INSALUBRIDADE E DA APOSENTADORIA ESPECIAL DOS RODOVIÁRIOS, o que tentaremos abordar resumidamente neste livro.

Esses trabalhos técnicos aos quais façamos referência tiverem e ainda têm um papel importante para os RODOVIÁRIOS, sejam, para fundamentar requerimentos de aposentadorias especiais de 25 anos e/ou para contagem de parte do tempo como especial para conversão em tempo comum, especialmente depois de 28/04/1995 em que a lei não mais permitiu o enquadramento da atividade dos RODOVIÁRIOS como especial por categoria profissional, compelindo aos trabalhadores a obrigação de comprovar a efetiva exposição a agentes nocivos acima dos limites permitidos, conhecidos como: **riscos físicos, químicos e biológicos,**

A Reforma da Previdência aprovada através da Emenda Constitucional de nº. 103 de 2019, restringiu ainda mais a aposentadoria dos RODOVIÁRIOS, chegando a praticamente inviabilizá-la ao nosso ver, deixando, no patamar das aposentadorias de profissionais que não se submetem a qualquer risco a saúde e integridade física no exercício profissional.

No livro de autoria do Doutor JOSÉ JUSCELINO FERREIRA DE MEDEIROS denominado A PREVIDÊNCIA REFORMADA destaca-se a seguinte ponderação:

> "...a Emenda Constitucional 103/2019 acaba por ceifar referido direito pois estabelece idade de 60 anos, obrigatoriedade de comprovação da exposição, além de alterar o valor do benefício que começa no valor de 70% (setenta por cento), antes da reforma era integral. Com isso, é imprescindível que o Congresso Nacional reveja essa incoerência que levou ao estabelecimento de idade e de redutor no valor do benefício de aposentadoria especial, do contrário certamente inúmeros serão os trabalhadores acome-

> tidos de acidentes e doenças ocupacionais. Quanto a regra de transição por pontos para as aposentadorias especiais de 25 anos não tem razão de ser, pois, acaba elevando a idade de 60 anos (regra geral para aposentadoria especial de 25 anos) para 61 anos, pois, são necessários 86 pontos com 25 anos de efetiva exposição, quando se retira os 25 anos de 86 pontos fica 61 anos de idade."[5]

Por fim, adotamos o seguinte lema: os RODOVIÁRIOS são indispensáveis ao desenvolvimento do país, um exemplo disso ocorre quando esses trabalhadores fazem greves, especialmente nas grandes cidades, pois, acabam levando tantas outras categorias a aderirem a paralização mesmo sem ter a pretensão, vez que, não conseguem chegar a seus destinos.

II- APOSENTADORIAS ESPECIAIS

2.1. Breves Considerações

No nosso ordenamento jurídico passamos a tratar do benefício de APOSENTADORIA ESPECIAL na década de 1960, quando foi aprovada a Lei 3.807 de 26 de agosto, **momento em que tínhamos um grande desenvolvimento da indústria nacional com inúmeras fábricas se estabelecendo no Brasil.**

Voltando na história a década de 1960 foi um período

de grande desenvolvimento econômico e tecnológico para o Brasil, a década se inicia com o fim do mandato do PRESIDENTE JUSCELINO KUBITSCHEK que presidiu o país de 1956 a 1961 e entre tantas obras de infraestrutura construiu Brasília, a Capital da nossa República.

Nesse período várias profissões que acometiam os trabalhadores de infortúnios decorrentes de determinadas atividades começaram a ser estudadas, inclusive, em cumprimento as normas da Organização Internacional do Trabalho (OIT)[6], foi quando começou a se estabelecer condições diferenciadas de trabalho para determinadas profissões.

Com isso, veio a Lei 3.807/60 que instituiu o benefício previdenciário de **APOSENTADORIA ESPECIAL**, vejamos o ter o artigo 31 dessa lei:

> **"Art. 31. A aposentadoria especial será concedida ao segurado que, contando no mínimo 50 (cinqüenta) anos de idade e 15 (quinze) anos de contribuições tenha trabalhado durante 15 (quinze), 20 (vinte) ou 25 (vinte e cinco) anos pelo menos, conforme a atividade profissional, em serviços, que, para êsse efeito, forem considerados penosos, insalubres ou perigosos, por Decreto do Poder Executivo.**
> **§ 1º A aposentadoria especial consistirá numa renda mensal calculada na forma do § 4º do art. 27, aplicando-se-lhe, outrossim o disposto no § 1º do art. 20.**
> **§ 2º Reger-se-á pela respectiva legislação especial a aposentadoria dos aeronautas e a dos jornalistas profissionais."**

Precisamente no ano de 1964 foi publicado o conhecido

decreto-lei 53.831/64 que no seu artigo 2º assegurava **o direito a aposentadoria especial para as atividades consideradas insalubres, perigosas e penosas, vejamos:**

> "Art. 2º. Para os efeitos da concessão da Aposentadoria Especial, serão considerados serviços insalubres, perigosos ou penosos, os constantes do quadro anexo em que se estabelece também a correspondência com os prazos referidos no art. 31 da citada Lei."

O então decreto ainda trazia no seu texto original um anexo com uma série de atividades profissionais que asseguravam o direito **a aposentadoria especial,** sendo que, ao constar a profissão no bojo do decreto era assegurado o direito a aposentadoria, pois, o risco era deduzido. **Vejamos abaixo a referida tabela:**

DECRETO Nº 53.831, DE 25 DE MARÇO DE 1964 – DOU DE 10/04/1964

QUADRO A QUE SE REFERE O ART. 2º DO DECRETO Nº 53.831, DE 25 DE MARÇO DE 1964

REGULAMENTO GERAL DA PREVIDÊNCIA SOCIAL

CÓDIGO	CAMPO DE APLICAÇÃO	SERVIÇOS E ATIVIDADES PROFISSIONAIS	CLASSIFICAÇÃO	TEMPO DE TRABALHO MÍNIMO	OBSERVAÇÕES
1.0.0	AGENTES				
1.1.0	FÍSICOS				
1.1.1	CALOR Operações em locais com temperatura excessivamente alta, capaz de ser nociva à saúde e proveniente de fontes artificiais.		Insalubre	25 anos	Jornada normal em locais com TE acima de 28º. Artigos 165, 187 e 234, da CLT. Portaria Ministerial 30 de 7-2-58 e 262, de 6-8-62.
1.1.2	FRIO Operações em locais com temperatura excessivamente baixa, capaz	Trabalhos na indústria do frio - operadores de câmaras frigoríficas e outros.	Insalubre	25 anos	Jornada normal em locais com temperatura inferior a 12º

	de ser nociva à saúde e proveniente de fontes artificiais.				centígrados. Art. 165 e 187, da CLT e Portaria Ministerial 262, de 6-8-62.
1.1.3	UMIDADE Operações em locais com umidade excessiva, capaz de ser nociva à saúde e proveniente de fontes artificiais.	Trabalhos em contato direto e permanente com água - lavadores, tintureiros, operários nas salinas e outros.	Insalubre	25 anos	Jornada normal em locais com umidade excessiva. Art. 187 da CLT e Portaria Ministerial 262, de 6-8-62.
1.1.4	RADIAÇÃO Operações em locais com radiações capazes de serem nocivas à saúde - infra-vermelho, ultra-violeta, raios X, rádium e substâncias radiativas.	Trabalhos expostos a radiações para fins industriais, diagnósticos e terapêuticos - Operadores de raio X, de rádium e substâncias radiativas, soldadores com arco elétrico e com oxiacetilênio, aeroviários de manutenção de aeronaves e motores, turbo-hélices e outros.	Insalubre	25 anos	Jornada normal ou especial fixada em lei - Lei 1.234 (*) de 14 de novembro de 1950; Lei 3.999 (*) de 15-12-61; Art. 187, da CLT; Decreto nº 1.232, de 22 de junho de 1962 e Portaria Ministerial 262, de 6 de agosto de 1962.
1.1.5	TREPIDAÇÃO Operações em trepidações capazes de serem nocivas a saúde.	Trepidações e vibrações industriais - Operadores de perfuratrizes e marteletes pneumáticos, e outros.	Insalubre	25 anos	Jornada normal com máquinas acionadas por ar comprimido e velocidade acima de 120 golpes por minutos. Art. 187 CLT. Portaria Ministerial 262, de 6-8-62.
1.1.6	RUÍDO Operações em locais com ruído excessivo capas de ser nocivo à saúde.	Trepidações sujeitos aos efeitos de ruídos industriais excessivos - caldereiros, operadores de máquinas pneumáticas, de motores - turbinas e outros.	Insalubre	25 anos	Jornada normal ou especial fixada em lei em locais com ruídos acima de 80 decibéis. Decreto número 1.232, de 22 de junho de 1962. Portaria Ministerial 262, de 6-8-62 e Art. 187 da CLT.
1.1.7	PRESSÃO Operações em locais com pressão atmosférica anormal capaz de ser nociva à saúde.	Trabalhos em ambientes com alta ou baixa pressão - escafandristas, mergulhadores, operadores em caixões ou tubulações pneumáticos e outros.	Insalubre	25 anos	ornada normal ou especial fixada em lei - Artigos 187 e 219 CLT. Portaria Ministerial 73, de 2 de janeiro de 1960 e 262, de 6-8-62.
1.1.8	ELETRICIDADE Operações em locais com eletricidade em condições de perigo de vida.	Trabalhos permanentes em instalações ou equipamentos elétricos com riscos de acidentes - Eletricistas, cabistas, montadores e outros.	Perigoso	25 anos	Jornada normal ou especial fixada em lei em serviços expostos a tensão superior a 250 volts. Arts. 187, 195 e 196 da CLT. Portaria Ministerial 34, de 8-4-54.
1.2.0	QUÍMICOS				
1.2.1	ARSÊNICO Operações com arsênico e seus compostos.	I – Extração	Insalubre	20 anos	
		II - Fabricação de seus compostos e derivados - Tintas, parasiticidas e inseticidas etc.	Insalubre	20 anos	Jornada normal. Art. 187 CLT. Portaria Ministerial 262, de 6-8-62.
		III - Emprego de derivados arsenicais - Pintura, galvanotécnica, depilação, empalhamento, etc.	Insalubre	25 anos	
1.2.2	BERÍLIO Operações com berílio e seus compostos.	Trabalhos permanentes expostos a poeiras e fumos - Fundição de ligas metálicas.	Insalubre	25 anos	Jornada normal. Art. 187 CLT. Portaria Ministerial 262, de 6-8-62.
1.2.3	CÁDMIO Operações com cádmio e seus compostos.	Trabalhos permanentes expostos a poeiras e fumos - Fundição de ligas metálicas.	Insalubre	25 anos	Jornada normal. Art. 187 CLT. Portaria Ministerial 262, de 6-8-62.
1.2.4	CHUMBO Operações com chumbo, seus sais e ligas.	I - Fundição, refino, moldagens, trefiliação e laminação.		20 anos	
		II - Fabricação de artefatos e de produtos de chumbo - baterias, acumuladores, tintas e etc.	Insalubre	25 anos	Jornada normal. Art. 187 CLT. Portaria Ministerial 262, de 6-8-62.
		III - Limpeza, raspagens e demais trabalhos em tanques de gasolina contendo chumbo, tetra etil, polimento e acabamento de ligas de chumbo etc.		25 anos	
		IV - Soldagem e dessoldagem com ligas à base de chumbo, vulcanização da borracha, tinturaria, estamparia, pintura e outros.		25 anos	
1.2.5	CROMO Operações com cromo e seus sais.	Trabalhos permanentes expostos ao tóxico - Fabricação, tanagem de couros, cromagem eletrolítica de metais e outras.	Insalubre	25 anos	Jornada normal. Art. 187 CLT. Portaria Ministerial 262, de 6-8-62.
1.2.6	FÓSFORO Operações com fósforo e seus compostos.	I - Extração e depuração do fósforo branco e seus compostos.	Insalubre	20 anos	
		II - Fabricação de produtos fosforados asfixiantes, tóxicos, incendiários ou explosivos.	Insalubre		Jornada normal. Art. 187 CLT. Portaria Ministerial 262, de
		III - Emprego de líquidos, pastas,			

APOSENTADORIA DOS MOTORISTAS E COBRADORES DE ÔNIBUS

		pós e gases à base de fósforo branco para destruição de ratos e parasitas.	Perigoso		6-8-62.
			Insalubre	25 anos	
1.2.7	MANGANÊS Operações com o manganês.	Trabalhos permanentes expostos à poeiras ou fumos do manganês e seus compostos (bióxido) - Metalurgia, cerâmica, indústria de vidros e outras.	Insalubre	25 anos	Jornada normal. Art. 187 CLT. Portaria Ministerial 262, de 6-8-62.
1.2.8	MERCÚRIO Operações com mercúrio, seus sais e amálgamas.	I - Extração e tratamento de amálgamas e compostos - Cloreto e fulminato de Hg.	Insalubre Perigoso	20 anos 25 anos	Jornada normal. Art. 187 CLT. Portaria Ministerial 262, de 6-8-62.
		II - Emprego de amálgama e derivados, galvanoplastia, estanhagem e outros.	Insalubre		
1.2.9	OUTROS TÓXICOS INOGÂNICOS Operações com outros tóxicos inogârnicos capazes de fazerem mal à saúde.	Trabalhos permanentes expostos às poeiras, gazes, vapores, neblina e fumos de outros metais, metalóide halogenos e seus eletrólitos tóxicos - ácidos, base e sais - Relação das substâncias nocivas publicadas no Regulamento Tipo de Segurança da O.I.T.	Insalubre	25 anos	Jornada normal. Art. 187 CLT. Portaria Ministerial 262, de 6-8-62.
1.2.10	POEIRAS MINERAIS NOCIVAS Operações industriais com despreendimento de poeiras capazes de fazerem mal à saúde - Silica, carvão, cimento, asbesto e talco.	I - Trabalhos permanentes no subsolo em operações de corte, furação, desmonte e carregamento nas frentes de trabalho.	Insalubre Perigoso Penoso	15 anos	Jornada normal especial fixada em Lei. Arts. 187 e 293 da Portaria Ministerial 262, de 5-1-60: 49 e 31, de 25-3-60: e 6-8-62.
		II - Trabalhos permanentes em locais de subsolo afastados das frentes de trabalho, galerias, rampas, poços, depósitos, etc ...	Insalubre Penoso	20 anos	
		III - Trabalhos permanentes a céu aberto. Corte, furação, desmonte, carregamento, britagem, classificação, carga e descarga de silos, transportadores de correias e teleférreos, moagem, calcinação, ensacamento e outras.	Insalubre	25 anos	
1.2.11	TÓXICOS ORGÂNICOS Operações executadas com derivados tóxicos do carbono - Nomenclatura Internacional. I - Hidrocarbonetos (ano, eno, ino) II - Ácidos carboxílicos (oico) III - Alcoois (ol) IV - Aldehydos (al) V - Cetona (ona) VI - Esteres (com sais em ato - ilia) VII - Éteres (óxidos - oxi) VIII - Amidas - amidos IX - Aminas - aminas X - Nitrilas e isonitrilas (nitrilas e carbilaminas) XI - Compostos organo - metálicos halogenados, metalódicos halogenados, metalóidicos e nitrados.	Trabalhos permanentes expostos às poereiras: gases, vapores, neblinas e fumos de derivados do carbono constantes da Relação Internacional das Substâncias Nocivas publicada no Regulamento Tipo de Segurança da O.I.T - Tais como: cloreto de metila, tetracloreto de carbono, tricoloroetileno, cloroformio, bromureto de netila, nitrobenzeno, gasolina, alcoois, acetona, acetatos, pentano, metano, hexano, sulfureto de carbono, etc.	Insalubre	25 anos	Jornada normal. Art. 187 CLT. Portaria Ministerial 262, de 6-8-62.
1.3.0	**BIOLÓGICOS**				
1.3.1	CARBÚNCULO, BRUCELA MORNO E TÉTANO Operações industriais com animais ou produtos oriundos de animais infectados.	Trabalhos permanentes expostos ao contato direto com germes infecciosos - Assistência Veterinária, serviços em matadouros, cavalariças e outros.	Insalubre	25 anos	Jornada normal. Art. 187 CLT. Portaria Ministerial 262, de 6-8-62.
1.3.2	GERMES INFECCIOSOS OU PARASITÁRIOS HUMANOS - ANIMAIS Serviços de Assistência Médica, Odontológica e Hospitalar em que haja contato obrigatório com organismos doentes ou com materiais infecto-contagiantes.	Trabalhos permanentes expostos ao contato com doentes ou materiais infecto-contagiantes - assistência médico, odontológica, hospitalar e outras atividades afins.	Insalubre	25 anos	Jornada normal ou especial fixada em Lei. Lei nº 3.999, de 15-12-61. Art. 187 CLT. Portaria Ministerial 262, de 6-8-62.
2.0.0	**OCUPAÇÕES**				
2.1.0	**LIBERAIS, TÉCNICOS, ASSEMELHADAS**				
2.1.1	ENGENHARIA	Engenheiros de Construção Civil, de minas, de metalurgia, Eletricistas.	Insalubre	25 anos	Jornada normal ou especial fixada em Lei. Decreto nº 46.131 (*), de 3-6-59.
2.1.2	QUÍMICA	Químicos, Toxicologistas, Podologistas.	Insalubre	25 anos	Jornada normal ou especial fixada em Lei. Decreto nº 48.285 (*), de 1960.
2.1.3	MEDICINA, ODONTOLOGIA, ENFERMAGEM	Médicos, Dentistas, Enfermeiros.	Insalubre	25 anos	Jornada normal ou especial fixada em Lei. Decreto nº 43.185 (*), de 6-2-58.
2.1.4	MAGISTÉRIO	Professores.	Penoso	25 anos	Jornada normal ou especial fixada em Lei Estadual, GB, 286; RJ, 1.870, de 25-4. Art. 318, da Consolidação das Leis do Trabalho.
2.2.0	**AGRÍCOLAS, FLORESTAIS, AQUÁTICAS**				

2.2.1	AGRICULTURA	Trabalhadores na agropecuária.	Insalubre	25 anos	Jornada normal.
2.2.2	CAÇA	Trabalhadores florestais, caçadores	Perigoso	25 anos	Jornada Normal.
2.2.3	PESCA	Pescadores	Perigoso	25 anos	Jornada Normal.
2.3.0	PERFURAÇÃO, CONSTRUÇÃO CIVIL. ASSEMELHADOS				
2.3.1	ESCAVAÇÕES DE SUPERFÍCIE - POÇOS	Trabalhadores em túneis e galerias	Insalubre e Perigoso	20 anos	Jornada normal ou especial, fixada em Lei. Artigo 295. CLT
2.3.2	ESCAVAÇÕES DE SUBSOLO - TÚNEIS	Trabalhadores em escavações à céu aberto.	Insalubre	25 anos	Jornada normal.
2.3.3	EDIFÍCIOS, BARRAGENS, PONTES	Trabalhadores em edifícios, barragens, pontes, torres.	Perigoso	25 anos	Jornada normal.
2.4.0	TRANSPORTES E COMUNICAÇÕES				
2.4.1	TRANSPORTES AÉREO	Aeronautas, Aeroviários de serviços de pista e de oficinas, de manutenção, de conservação, de carga e descarga, de recepção e de despacho de aeronaves.	Perigoso	25 anos	Jornada normal ou especial, fixada em Lei. Lei nº 3.501, (*) de 21-12-58; Lei nº 2.573, (*) de 15-8-55; Decretos nºs 50.660 (*), de 26-6-61 e 1.232, de 22-6-62.
2.4.2	TRANSPORTES MARÍTIMO, FLUVIAL E LACUSTRE	Marítimos de convés de máquinas, de câmara e de saúde Operários de construção e reparos navais.	Insalubre	25 anos	Jornada normal ou especial fixada em Lei. Art. 243 CLT. Decretos nº 52.475 (*). de 13-9-63; 52.700 (*) de 1810-63 e 53.514 (*), de 30-164.
2.4.3	TRANSPORTES FERROVIÁRIO	Maquinistas, Guarda-freios, trabalhadores da via permanente.	Insalubre	25 anos	Jornada normal ou especial fixada em Lei. Artigo 238, CLT.
2.4.4	TRANSPORTES RODOVIÁRIO	Motorneiros e condutores de bondes. Motoristas e cobradores de ônibus. Motoristas e ajudantes de caminhão.	Penoso	25 anos	Jornada normal.
2.4.5	TELEGRAFIA, TELEFONIA, RÁDIO COMUNICAÇÃO.	Telegrafista, telefonista, rádio operadores de telecomunicações.	Insalubre	25 anos	Jornada normal ou especial, fixada em Lei. Artigo 227 da CLT. Portaria Ministerial 20, de 6-8-62.
2.5.0	ARTESANATO E OUTRAS OCUPAÇÕES QUALIFICADAS				
2.5.1	LAVANDERIA E TINTURARIA	Lavadores, passadores, calandristas, tintureiros.	Insalubre	25 anos	Jornada normal.
2.5.2	FUNDIÇÃO, COZIMENTO, LAMINAÇÃO, TREFILAÇÃO, MOLDAGEM	Trabalhadores nas indústrias metalúrgicas, de vidro, de cerâmica e de plásticos-fundidores, laminadores, moldadores, trefiladores, forjadores.	Insalubre	25 anos	Jornada normal.
2.5.3	SOLDAGEM, GALVANIZAÇÃO, CALDERARIA	Trabalhadores nas indústrias metalúrgicas, de vidro, de cerâmica e de plásticos - soldadores, galvanizadores, chapeadores, caldeireiros.	Insalubre	25 anos	Jornada normal.
2.5.4	PINTURA	Pintores de Pistola.	Insalubre	25 anos	Jornada normal.
2.5.5	COMPOSIÇÃO TIPOGRÁFICA E MACÂNICA, LINOTIPIA, ESTEREOTIPIA, ELETROTIPIA, LITOGRAFIA E OFF-SETT, FOTOGRAVURA, ROTOGRAVURA E GRAVURA, ENCADERNAÇÃO E IMPRESSÃO EM GERAL.	Trabalhadores permanentes nas indústrias poligráficas: Linotipistas, monotipistas, tipográficas, impressores, margeadores, montadores, compositores, pautadores, gravadores, granitadores, galvanotipistas, frezadores, titulistas.	Insalubre	25 anos	Jornada normal.
2.5.6	ESTIVA E ARMAZENAMENTO.	Estivadores, Arrumadores, Trabalhadores de capatazia, Consertadores, Conferentes.	Perigoso	25 anos	Jornada normal ou especial, fixada em Lei. Art. 278, CLT; item VII quadro II, do Art. 65 do Decreto 48.959-A (*), de 29-9-60.
2.5.7	EXTINÇÃO DE FOGO, GUARDA.	Bombeiros, Investigadores, Guardas	Perigoso	25 anos	Jornada normal

No subitem 2.4.4., temos o caso **DOS TRANSPORTES RODOVIÁRIOS** que coloca os condutores (na época bondes) e motoristas e cobradores de ônibus, além, de motorista e ajudante de caminhão com o direito a aposentadoria especial aos 25 (vinte e cinco) anos de trabalho. **Vejamos:**

APOSENTADORIA DOS MOTORISTAS E COBRADORES DE ÔNIBUS

Código	Campo de aplicação	Serviços e atividades profissionais	Classificação	Tempo de trabalho mínimo	Observações
2.4.4	Transportes rodoviário	Motorneiros e condutores de bondes. Motoristas e cobradores de ônibus. Motoristas e ajudantes de caminhão.	Penoso	25 anos	Jornada normal

Observe que nessa parte da tabela acima do decreto 53.831/64 temos o tratamento da aposentadoria especial como decorrente do exercício de atividade prejudicial à saúde, tratada já em 64 como **penosa.** Decreto esse que foi revogado no ano de 1968 pelo novo decreto de nº. 62.755/68., que passou a regulamentar os benefícios previdenciários que teve vigência até 1999 quando foi revogado pelo decreto 3.048/99, encontrando-se esse último em vigor até os dias atuais.

Na década seguinte já em 1979 ainda com edições de decretos foi publicado o de nº. 83.080/79, que também buscou trazer mais condições para o exercício e implementação da aposentadoria especial.

Por fim, é importante destacar que a razão da APOSENTADORIA ESPECIAL é justamente retirar a pessoa antecipadamente do mercado de trabalho por prevenção para evitar danos maiores a saúde. Não é curioso, que essa preocupação se acentuou em meados da década de 60 e mais de 70, pois, já em 1977 foi publicada a lei de nº. 6.514/77 que introduziu o título II na CLT., com comandos legais sobre saúde e segurança do trabalhador e, com a determinação para o governo disciplinar através de normas de segurança do trabalho, o que ocorreu em 1977 com a portaria 3.214/77 que instituiu as chamadas **NORMAS REGULAMENTADORAS (NRs)** do Ministério do Trabalho. **Tudo isso ocorre num momento em que o Brasil figurava entre os campeões mundiais na ocorrência de acidentes e doenças do trabalho.**

Já o constituinte de 1988 no seu texto inicial (antes das emendas) também manteve preocupação com as condições atinentes a segurança dos trabalhadores, **inclusive, garantindo contagem de tempo diferenciado para as Aposentadorias Especiais.**

Com o advento da Constituição foi publicada a lei 8.213/91 que passou a regulamentar o sistema previdenciário no Brasil, a qual assegurou o direito a APOSENTADORIA ESPECIAL nos artigos 57 e 58 reproduzidos abaixo:

> "Art. 57. A aposentadoria especial será devida, uma vez cumprida a carência exigida nesta lei, ao segurado que tiver trabalhado durante 15 (quinze), 20 (vinte) ou 25 (vinte e cinco) anos, conforme a atividade profissional, sujeito a condições especiais que prejudiquem a saúde ou a integridade física
> Art. 58. A relação de atividades profissionais prejudiciais à saúde ou à integridade física será objeto de lei específica."

Essa é a redação inicial trazida no texto da lei 8.213/91 que se manteve até 1995, quando teve a redação alterada pelas leis 9.032/95 e 9.528/97, que mudou a redação dos artigos, ficando da seguinte forma:

> "Art. 57. A aposentadoria especial será devida, uma vez cumprida a carência exigida nesta Lei, ao segurado que tiver trabalhado sujeito a condições especiais que prejudiquem a saúde ou a integridade

física, durante 15 (quinze), 20 (vinte) ou 25 (vinte e cinco) anos, conforme dispuser a lei. Art. 58. A relação dos agentes nocivos químicos, físicos e biológicos ou associação de agentes prejudiciais à saúde ou à integridade física considerados para fins de concessão da aposentadoria especial de que trata o artigo anterior será definida pelo Poder Executivo"

Os agentes nocivos acima tratados foram definidos através das NORMAS REGULAMENTADORAS DO MINISTÉRIO DO TRABALHO, em especial a de nº. 15 (Atividades e operações insalubres).

Seguindo ainda o regramento constitucional que assegura a Aposentadoria Especial aos 15, 20 e 25 anos por exposição a agentes agressivos a saúde e segurança, o artigo 201, §1º da Constituição Federal de 1988 **com a redação dada pela EMENDA CONSTITUCIONAL 20/98 assim determina:**

"Art. 201......
§ 1º - É vedada a adoção de requisitos e critérios diferenciados para a concessão de aposentadoria aos beneficiários do regime geral de previdência social, ressalvados <u>os casos de atividades exercidas sob condições especiais que prejudiquem a saúde ou a integridade física</u>, definidos em lei complementar."[7] (negritei e grifei).

O magistério de JOSÉ AFONSO DA SILVA explica que as atividades exercidas em condições chamadas especiais que prejudicam a saúde dos segurados são conceituadas como penosas, insalubres e perigosas, vejamos o texto literal do autor: "Por regra, essas atividades são aquelas a que o art. 7º, XXIII, confere direito a um adicional de remuneração: atividades penosas, insalubres e perigosas, cujo sentido já mencionamos antes (pp.670-671)"[8].

O importante e relevante com o advento da Emenda Constitucional 20/1998 é que ela recepcionou os artigos 57 e 58 da Lei 8.213/91, vejamos o texto do artigo 15 da referida emenda constitucional:

> "Art. 15 - Até que a lei complementar a que se refere o art. 201, § 1º, da Constituição Federal, seja publicada, permanece em vigor o disposto nos arts. 57 e 58 da Lei nº 8213, de 24 de julho de 1991, na redação vigente à data da publicação desta Emenda."

O artigo acima determina ainda nos seus parágrafos 3°, 4°, que foi alterado em 1995 pela lei 9.032 (**não permitindo mais o enquadramento de atividade especial por profissão onde o risco era deduzido**), que o SEGURADO DEVERÁ COMPROVAR PERANTE O INSS A EXPOSIÇÃO A AGENTES NOCIVOS QUÍMICOS, FISICOS, BIOLÓGICOS E/OU A ASSOCIAÇÃO DELES, comprovação essa que cada vez mais se tornou difícil para os segurados.

Com isso, O INSS passou a editar várias instruções normativas para dar efetividade a legislação acima tratada consoante ao exercício do direito à aposentadoria especial, entre as quais faço referência as seguintes: **IN 118/2005 e IN 27/2008 e 45/2010, ambas apresentam capítulo próprio abordando a CONCESSÃO DE APOSENTADORIA ESPECIAL.**[9]

Em conclusão, podemos afirmar que até abril de 1995 era permitido o enquadramento de atividade especial por categoria profissional, que era o caso dos RODOVIÁRIOS, onde bastava comprovar através da carteira de trabalho e previdência social (CTPS) que exercia a função de motorista de ônibus ou de caminhão para fazer o devido enquadramento.

Contudo, com o advento da lei 9.032/95 exatamente após 28/04/1995 não é mais possível o enquadramento por categoria profissional, cabendo a obrigação ao segurado de comprovar a exposição, vejamos o que diz o professor **JOSE JUSCELINO FERREIRA DE MEDEIROS, abaixo:**

> "A comprovação da exposição aos riscos acima para efeitos de aposentadoria em primeira análise deverá ser comprovada através dos formulários próprios do Instituto Nacional do Seguro Social (INSS) que devem ser preenchidos pelas empresas. Atualmente, o documento próprio denomina-se de PPP – Perfil Profissiográfico Previdenciário, extraído de informações e análises técnicas do LTCAT (Laudo Técnico das Condições do Ambiente de Trabalho) das empresas."[10]

Com isso, mesmo antes da ampla REFORMA DA PREVIDÊNCIA realizada pela Emenda Constitucional 103/2019, que aprovou a chamada PEC-06/2019 que será objeto de estudo detalhado mais a frente, já era difícil comprovar a exposição as atividades agressivas para lograr a aposentadoria especial, agora ficou muito mais.

Além dos mais é inegável que desde o fim das Aposentadorias por categoria profisional (profissão) que ocorreu no ano de 1995 que se busca formas de desistimular a aposentadoria antecipada, sempre, com as justificativas de que os segurados vivem mais e, assim devem contribuir por mais anos para evitar a falência do sistema.

Ocorre que, no caso das atividades insalubres e perigosas o tratamento não poderá ser o mesmo, ou seja, esses argumentos e fundamentos são frágeis, pois, a aposentadoria antecipada não é um privilégio, mas uma segurança para que o trabalhador consiga viver a tempo da aposentadoria.

III – APOSENTADORIA ESPECIAL DOS MOTORISTAS E COBRADORES DE ÔNIBUS URBANOS

3.1. Breves Considerações

Os Motoristas e Cobradores de Ônibus Urbanos assim como os Motoristas e Ajudantes de caminhão até a publicação da lei 9.032/95 tinha assegurado o direito a aposentadoria especial decorrente da profissão, ou seja, bastava que o rodoviário comprovasse que exerceu uma dessas funções acima por 25 anos e conseguia o direito a aposentadoria como especial (código 46). Depois de 28/04/2019, quando a lei não mais permitiu o enquadramento por função poucos foram os CONDUTORES que conseguiram fazer referido enquadramento, vejamos o que diz MEDEIROS nesse sentido:

> "Com a exigência da comprovação da atividade insalubre e prejudicial à saúde acima dos limites permitidos, muitos condutores tentaram fazer tal enquadramento se valendo dos agentes agressivos a saúde como: Ruído e calor, contudo a maioria esmagadora não teve qualquer êxito, haja vistas, que ao nosso entender a maior possibilidade se dava com o ruído em vista da portaria 3.214/78 do Ministério do Trabalho que estabelece o limite de tolerância 84 decibéis para jornada de até 8 horas, em que em tese não traria nenhum dano a saúde do trabalhador. Contudo, para efeito de aposentadoria especial o decreto 3.048/95 estabeleceu o limite de 90 decibéis, o que praticamente inviabilizou a comprovação por parte dos segurados, pois, as avaliações de ruído nos veículos e caminhão em média ficavam abaixo de 90 decibéis."[11]

Com isso, podemos afirmar que no período compreendido a 1995/2010 apenas um ou outro trabalhador conseguiu implementar o direito a aposentadoria especial no caso dos condutores rodoviários e, os que conseguiram foi através de ações judiciais. Com isso, precisamente no ano de 2010 começamos um trabalho voltado a pesquisar e estudar profundamente as ativida-

voltado a pesquisar e estudar profundamente as atividades dos condutores no Brasil, em especial os da Cidade de São Paulo para fazer frente a uma série de demandas apresentadas por esses trabalhadores, entre as quais podemos citar:

    1. Problemas de saúde relacionadas a coluna lombar;

    2. Perdas auditivas;

    3. Estresse;

    4. Outras doenças relacionadas com o trabalho.

Entre os anos de 2007 a 2009 o Doutor JOSE JUSCELINO FERREIRA DE MEDEIROS já havia realizado um amplo trabalho de pesquisas das condições de trabalho dos condutores de São Paulo, para apresentação de trabalho acadêmico junto a Escola Paulista de Direito (EPD/SP), o que viabilizou a publicação do Livro denominado de OS IMPACTOS DO TRÂNSITO NO TRABALHO DOS PROFISSIONAIS DO TRANSPORTE COLETIVO DA CIDADE DE SÃO PAULO, acima citado.

Nesse sentido, MEDEIROS afirma:

> **"Quanto aos impactos do trânsito na saúde dos profissionais do transporte coletivo urbano de passageiros, evidenciou-se no decorrer do presente trabalho, que tais impactos contribuem decisivamente para o desencadeamento de diversas moléstias ocupacionais nos trabalhadores (como o estresse e a perda induzida por ruído), além de outras causas secundárias, como as condições técnicas dos veículos (motor dianteiro, câmbio manual, etc.), assim como as condições de saúde e segurança do trabalho (como jornada excessiva de trabalho, exposição ao ruído, vibrações e calor, etc.).**[12]

Com isso, a partir de 2010 depois de estruturado nosso trabalho técnico científico de produção de provas de que a atividade de MOTORISTA E COBRADOR DE ÔNIBUS NO BRASIL é insalubre e, portanto fundamenta o direito a APOSENTADORIA ESPECIAL DE RISCO, comprovado mediante exposição a Ruído e Vibração de Corpo Inteiro (VCI) ingressamos com várias ações judiciais na Justiça Federal de São Paulo e, à época tivemos êxito em uma grande maioria, o que levou a Justiça determinar que o INSS aposentasse muitos trabalhadores na modalidade de 25 anos; **aposentadoria essa que independe da idade, não se aplicando o fator previdenciário que reduz as aposentadorias.**

Esses benefícios previdenciários foram implantados no código 46 o que estava praticamente extinto no Brasil, no que se refere a aposentadoria de motorista ou cobrador de ônibus.

No próximo item faremos um breve apanhado sobre os levantamentos que realizamos sobre VIBRAÇÃO DE CORPO INTEIRO (VCI) em diversas empresas de ônibus de São Paulo e Belo Horizonte, o que fundamentou e fundamenta até hoje as APOSENTADORIAS ESPECIAIS DOS TRABALHADORES EM TRANSPORTES.

A partir de 14/08/2014 o MINISTRO DO TRABALHO DO BRASIL alterou a Norma Regulamentadora de nº. 15 e elevou a quantificação da exposição a vibração em aproximadamente o dobro, o que tem praticamente inviabilizado o enquadramento por exposição a vibração após essa data e, consequentemente IMPOSSIBILITADO a APOSENTADORIA ESPECIAL DE 25 ANOS DOS MOTORISTAS E COBRADORES DE ÔNIBUS.

❖ ❖ ❖

3.2. Levantamentos técnicos que fundamentaram a Aposentadoria Especial dos Rodoviários a partir de 2010.

No desenvolvimento dos trabalhos técnicos científicos que embasaram o direito a Aposentadoria Especial dos Rodoviários faremos abaixo uma síntese, pois, inúmeros foram os laudos e levantamentos técnicos pesquisados e realizados, o que levaria uma enciclopédia para demonstrar o que foge da razão desse livro. **Com isso, segue abaixo breve descrição:**

➢ Inicialmente faço referência ao PROFESSOR DOUTOR JOSÉ BELTRÃO DE MEDEIROS, que após realizar várias análises quantitativas de vibrações em ônibus urbanos da Cidade de São Paulo e Belo Horizonte (em meados de 2010) concluiu que os Motoristas e Cobradores de ônibus urbanos trabalham expostos a vibração acima dos limites de tolerância, ou seja, os valores obtidos de vibrações encontram-se acima do permitido pela legislação adotada pelo BRASIL. **VEJAMOS o que fundamenta o professor:**

"[...] Assim ao constatarmos que 100% das avaliações quantitativas de vibração realizadas junto às funções de Motoristas e Cobradores de Ônibus Urbano da Cidade de São Paulo se encontram acima do limite de tolerância estabelecido pela norma ISO 2631, assim como ao verificarmos que estas exposições ocorrem de modo habitual e permanente, não ocasional nem intermitente e que esta condição de trabalho sempre foi a mesma, ou mais intensa, desde maio de 1995, concluímos pelo direito destes empregados a aposentadoria especial."[13]

➢ **REVISTA DE SAÚDE PÚBLICA** conclui:

"...**Efeitos adversos na coluna vertebral, devido à exposição a VCI, como lombalgia, degeneração precoce da região lombar e hérnia de disco, têm sido os tópicos mais recorrentes na literatura sobre o tema**"[14].

A conclusão não deixa dúvida dos efeitos maléficos da VCI, correlacionado com as referidas doenças adquiridas por ocasião da exposição.

➢ **TESE DE DOUTORADO APRESENTADA A UNIVERSIDADE DE SÃO PAULO – USP** conclui no mesmo sentido:

"...Desse modo, detendo-se nos aspectos **referentes aos efeitos advindos da exposição à VCI**, os autores salientam pesquisas, nas quais foram revelados **os efeitos a longo prazo mais evidentes, como lombalgias, degeneração precoce da co-**

luna e hérnia de disco."

Os pesquisadores vão além e justificam:

"... O tema mais relevante, constatado através da revisão bibliográfica executada, foi **sobre os efeitos decorrentes da exposição à VCI sobre a coluna, principalmente em virtude de número representativo de afastamentos do trabalho provocado por este problema.**"[15]

> **REVISTA BRASILEIRA DE ENGENHARIA BIOMÉDICA**[16] publica estudo com as seguintes conclusões:

a) "... os motoristas estão expostos a níveis potencialmente danosos á saúde. **Os resultados da transmissibilidade dos assentos, na faixa de freqüência da ressonância da coluna vertebral, demonstraram que os assentos apresentaram comportamento dinâmico inadequado deixando os motoristas expostos aos problemas derivados da exposição à vibração.**"; b) "Panjab et al (1986) **concluíram que a transmissibilidade na coluna vertebral é maior na faixa de 4 a 5 Hz e que muitos dos veículos a motor apresentam freqüências nesta particular faixa (fontes potenciais de risco à coluna vertebral).**"; c) "Com relação ao conforto, todos os veículos apresentaram índices que ultrapassaram os níveis estabelecidos, **o que também pode estar relacionado ao cansaço e problemas físicos que os motoristas profissionais normalmente apresentam.**"

> **TESE DE DOUTORADO APRESENTADA A UFRGS**[17] conclui:

"**Os níveis de vibração do corpo humano e a transmissibilidade mostraram que os motoristas estão expostos à vibração a níveis perigosos de vibração principalmente na área de ressonância da coluna vertebral.**"

A referida tese compilou outros estudos técnicos no mesmo sentido, vejamos:

a) "...Além disso, os autores Rehn et al (2000), Bovenzi et al (1996), Backman (1983), Hedberg (1988) e Palmer et al (2000b) **registraram a grande incidência de problemas na região das costas, em motoristas profissionais, devido provavelmente aos níveis de vibração.**"; **b)** "... com relação às dores nas costas, apresentam índices semelhantes aos encontrados por Beckman (1983), que verificou que **os problemas de saúde em motoristas profissionais estão relacionados principalmente às dores nas costas** e ombros. **Os motoristas de ônibus apresentam um índice de dores nas costas praticamente o dobro quando comparado ao grupo controle.**"

➢ **Ministério do Trabalho e Emprego – MTE-DRT-MT – Estudo das Condições Ergonômicas, de Saúde e Segurança do Trabalho em Ônibus Coletivo Urbano**, conclui:

a) "**Analisando-se a profissão de motorista, supõe-se que a região de maior incidência de dor músculo esquelética, esteja na coluna vertebral.**"; **b)** "... Solicitações necessárias para controle do veículo podem causar fadiga e estressar estas regiões (membros superiores, inferiores), e em especial, a **coluna vertebral**, podendo surgir o **desgaste dos discos e**

o surgimento de lesões, pois, caso não haja redução dos fatores de risco associados à postura corporal ... e associadas ao trabalho **(vibrações)** haveria um acúmulo de micro traumatismos, futuramente responsáveis pelo aparecimento de dor músculo-esquelética."; c) "**O alto índice de afastamento no trabalho causado pela dor músculo-esquelética em motorista de ônibus...**"; d) "**Observa-se que 76% dos trabalhadores admitem terem ficado doentes após ingressar na função de motoristas...**"; e) "**A dor mais comum que ocorre entre as várias sob-categorias de motoristas, encontradas na literatura, podem ser descritas em ordem de região de ocorrência como, coluna vertebral**, membros inferiores e pescoço. No entanto, das **lesões relatadas a que dizem respeito a coluna vertebral, sem dúvida é a lombalgia a de maior frequência.**"; f) "**Trabalhadores do transporte coletivo urbano de Cuiabá e Várzea Grande convivem com a dor no seu dia-a-dia, 88% afirmaram sentir dores durante a jornada de trabalho...**"; g) "Prevalência... No período em que ocorreu o estudo (agosto à dezembro/2003), a prevalência de afastamento entre os motoristas era de 19,53% de trabalhadores afastados com atestado médico. **E desses afastamentos, 66% podem ter relação com os aspectos ergonômicos do posto de trabalho do motorista** e com a organização do trabalho."

Há de se ponderar o grau de confiança e certeza deste estudo, vez que, foi elaborado pelo Ministério do Trabalho e Emprego que detém o monopólio da Fiscalização do Trabalho, bem como, da elaboração das normas de higiene e segurança.

> **REVISTA CIPA - Artigo intitulado LEVANTAMENTO DAS INCIDÊNCIAS DE DORES OSTEOMUSCULARES EM MOTORISTAS DE ÔNIBUS DO TRANSPORTE URBANO DE SÃO PAULO**[18] apresenta as seguintes conclusões:

a) "**No universo de 60 motoristas de ônibus do transporte urbano de São Paulo, com idade entre 30 e 66 anos, observou-se que mais da metade dos profissionais são acometidos por quadros de dores de intensidade leve a moderada que geralmente manifesta-se durante e após a jornada de trabalho...**"; b) "... **vibração, posto de trabalho deficiente de ergonomia e a falta de informação e conscientização por parte destes predispõem ao quadro.**"; c) "Condições laborais que predispõem **ao desenvolvimento de DORT/LER** na profissão de motorista de ônibus urbano ... Seu trabalho está caracterizado por uma alta freqüência de execução de tarefas simultâneas, estão expostos a ruídos e **vibração**, alta densidade de tráfego e contínuas paradas do automóvel."; d) "A **coluna vertebral** suporta a compressão exercida pela sobrecarga imposta, em função da força da gravidade (trancos, **vibração** e outros fatores externos)..."; e) "Supõe-se que os motoristas de ônibus urbano demonstraram uma carga de trabalho físico maior que as outras categorias de motoristas (rodoviários) pois são submetidos a um conjunto mais significativo de fatores de risco, como repetição de movimentos, congestionamento e **vibrações**."; F) "O presente estudo revelou que **58%, 35 dos motoristas pesquisados, apresentavam dores osteomusculares** (DO) em algum lugar do corpo..."; g) "Observou-se ainda que a região de maior incidência foi os membros inferiores com 43%, **depois tivemos a coluna vertebral com 30%, sendo a coluna** lombar a mais acometida com 23%..."; h) "**Dor na coluna constitui-se a queixa mais freqüente, em motorista de ônibus urbanos, de 57%.**"; I) "**Verificou-se que entre os profissionais que procuraram tratamento médico a maior incidência foi lombalgia com 26%, escoliose e hérnia de disco foram a segunda maior incidência** entre estes profissionais com 17%."; J) "Os principais fatores que predispõem aos acometimentos são:... **vibrações** por tempo prolongado..."; l) " Confirmando estas afirmações, Junior e Mendes (1996) dizem que **a lombalgia é relacionada, em motoristas, a postura inadequada, a vibração de baixa freqüência de corpo inteiro e ao risco aumentado de hérnia de disco intervertebral.**"; M) "Já Silva (2002) relata que a **vibração é um fator significativo e agressor à saúde do trabalhador, causando lombalgias e outros problemas de coluna.**"; N) " Observando-se as condições de trabalho desses profissionais motoristas constatou-se que fatores ocupacionais como jornada de trabalho, tempo de profissão, sobrepeso e **vibração** podem ser os principais **desencadeadores dos distúrbios osteomusculares...**"

➢ Estudo realizado por um Mestre em Engenharia de Produção – Ergonomia da UFSC intitulado **OCORRÊNCIA DE DOR NA COLUNA VERTEBRAL EM MOTORISTAS DE ÔNIBUS**[19] fundamenta que:

a) "Este estudo procurou investigar a ocorrência de dor na coluna vertebral em motoristas de ônibus e bombeiros militares..."; b) "**Participaram dos estudos 133 motoristas e 135 bombeiros...**"; c) " **Os resultados revelaram que os motoristas apresentaram maior ocorrência de dor na co-**

<u>luna vertebral do que os bombeiros...</u>"; d) "Adicionado a isto, o estresse em trânsitos congestionados, a poluição, as desavenças com passageiros, a exposição a ruídos, as temperaturas elevadas e as **vibrações** contribuem para definir esta profissão como altamente fatigante.";

➤ **ARTIGO publicado pela revista CIPA** número 351 de fevereiro de 2009, sob título **"VIBRAÇÃO NA DIREÇÃO VEICULAR"**, fundamenta que:

a) "<u>**As pesquisas mais recentes constatam que os motoristas estão expostos a níveis perigosos de vibrações principalmente na faixa de freqüência de ressonância da coluna vertebral**</u>."; b) "Só <u>**manter-se em posição já exige esforço muscular que somado a vibração**</u> produzirão contraturas de fibras musculares ... Este fato somado aos movimentos repetitivos desenvolvidos durante atividade <u>**irá acelerar os processos degenerativos neuromuscular e osteomuscular**</u>.";c) "<u>**Somam-se à vibração os movimentos repetitivos executados e também a busca permanente ao equilíbrio que constituirão conjunto propício ao desencadeamento de tais doenças**</u>."

➤ **ARTIGO publicado pela revista CIPA** número 378 de fevereiro de 2011, sob título **"RISCOS DA EXPOSIÇÃO À VIBRAÇÃO DE CORPO INTEIRO"**, demonstra que os motoristas e cobradores de ônibus ficam expostos a vibrações acima dos limites permitidos, o que desencadeia inúmeras doenças profissionais, especialmente na coluna lombar.

VEJAMOS:

"Estudos recentes realizados em universidades públicas e privadas em vários estados brasileiros, assim como por especialistas ligados a entidades profissionais não deixam dúvidas, de que a exposição à Vibração de Corpo Inteiro (VCI), produzidas pelos ônibus utilizados por empresas de transportes urbanos de passageiros das grandes cidades acometem os trabalhadores de diversas moléstias ocupacionais, principalmente na região lombar e coluna vertebral. Na última década os diversos estudos técnicos realizados em diferentes capitais chegaram à mesma conclusão: motoristas e cobradores de ônibus urbanos trabalham expostos à VCI acima dos limites legais permitidos, o que poderá comprometer sua saúde e segurança laboral."[20]

Os estudos acima agrupados em 2010 não deixam dúvidas de que a exposição à **Vibração de Corpo Inteiro – VCI**, produzida pelos ônibus utilizados pelas empresas de transportes urbanos de passageiros das grandes cidades acometem os trabalhadores de diversas moléstias ocupacionais, principalmente na região lombar da coluna vertebral.

Levantamentos técnicos realizados por profissionais de grandes **UNIVERSIDADES BRASILEIRAS** têm demonstrado os malefícios da exposição a tal agente. A exposição à VCI acima dos limites de tolerância, **além de assegurar o percebimento do Adicional de Insalubridade de grau médio, correspondente a 20% do salário mínimo, possibilita a retirada precoce do trabalhador**

do mercado de trabalho com a aposentadoria especial prevista no artigo 57 da Lei 8.213-91.

As conclusões dos estudos científicos e trabalhos técnicos mencionados são apenas uma síntese do vasto material produzido nos últimos anos que trata da exposição de motoristas e cobradores de ônibus urbanos a VCI – Vibração de Corpo Inteiro – parte desses estudos encontra-se disponível inclusive na *internet*, o que possibilita o acesso a todos interessados.

◆ ◆ ◆

3.3. Perícias Judiciais que comprovaram o que os estudos acima já demonstravam

No período de 2010 a 2014 tivemos a oportunidade de acompanhar diversas perícias em processos judiciais voltados a comprovar que os Motoristas e Cobradores de ônibus urbanos trabalham em condições danosas a saúde, ou seja, exposto a vibração de corpo inteiro (VCI) acima dos limites de tolerância.

É importante esclarecer que até 13/08/2014 a legislação brasileira adotou as normas da Organização Internacional para Normatização (ISO) para efeitos de quantificação de vibrações, era o que determinava a Norma Regulamentadora de nº. 15 do Ministério do Trabalho e Emprego, que regulamenta os adicionais de insalubridade advindos da Portaria 3.214/78, que prescrevia a época em seu Anexo 8 – "in verbis" as atividades e condições de exposição a Vibrações:

> "1. As atividades e operações que exponham os trabalhadores, sem a proteção adequada, às vibrações localizadas ou de corpo inteiro, serão caracterizadas como insalubres, através de perícia realizada no local de trabalho. 2. A perícia, visando à comprovação ou não da exposição deve tomar por base os limites de tolerância definidos pela Organização Internacional par a Normatização – ISO em suas normas ISO 2631 e ISO/DIS 5349 ou suas substitutas."

Com isso, para a caracterização da insalubridade **o empregado deverá estar exposto a vibração acima dos limites de tolerância** estabelecidos pelas normas da Organização Internacional para Normatização – ISO., o que com a comprovação através do LTCAT., assegurava a APOSENTADORIA ESPECIAL aos 25 anos, consoante artigo 57 da lei 8.213/91.

Pois bem, a Norma da ISO apresenta Limite de Tolerância para vibração de 0,63 m/s para jornada inferior a 8 horas, e em praticamente todos levantamentos técnicos que acompanhamos nas Cidades de São Paulo e Belo Horizonte, os índices de Vibrações de Corpo Inteiro (VCI) ultrapassaram em muito o limite acima, o que permitiu que tivéssemos êxito em inúmeros processos de APOSENTADORIA ESPECIAL DE 25 ANOS (código 46).

Outros profissionais que acabaram tendo acesso à parte desse material (processos são públicos) também conseguiram implementar referido benefício previdenciário em várias cidades brasileiras.

❖ ❖ ❖

3.4. O MINISTRO DO TRABALHO ATENDENDO APELO DO SETOR ECONÔMICO ALTERA A LEGISLAÇÃO ADOTADA NO BRASIL A MAIS DE 30 ANOS.

Com o avanço de diversas ações judiciais no Brasil voltadas a assegurar o direito dos condutores a APOSENTADORIA ESPECIAL DE 25 E AO PERCEBIMENTO DE ADICIONAL DE INSALUBRIDADE, sendo muito desses processos julgados procedentes, as organizações sindicais patronais de transportes públicos se organizaram e requereram do Ministério do Trabalho a alteração da legislação.

Diante desse cenário o Ministério do Trabalho constituiu um grupo de trabalho para alterar apenas o ANEXO VIII da NR.15 que trata do Limite de Tolerância por vibração.

O grupo de trabalho foi constituído através de Portaria Ministerial do qual o Doutor JOSÉ JUSCELINO FERREIRA DE MEDEIROS foi integrante por indicação da NOVA CENTRAL SINDICAL DOS TRABALHADORES (NCST).

A proposta do governo era baseada na NH-09 (Norma de Higiene Ocupacional) da FUNDACENTRO[21], norma essa que praticamente reproduziu todo texto da ISO 2631/97, apenas quanto ao Limite de tolerância elevou em praticamente o dobro, ou seja, saiu de 0,63m/s e foi para 1,1 m/s, tendo como referência a Diretiva Europeia de nº. 2002/44/CE.[22]

A Bancada dos Trabalhadores exigiu que fosse apresentado ao menos um único estudo técnico científico que demonstrasse que 1,1 m/s para exposição a vibração era seguro para saúde e segurança dos trabalhadores, o que não foi apresentado até porque não existe. Com isso, os trabalhadores saíram das negociações.

Logo depois, a saída dos trabalhadores das negociações o MINISTRO DO TRABALHO a época publicou a PORTARIA DE Nº. 1.297 de 14 de agosto de 2014 elevando o limite de tolerância para 1,1m/s, o que com as devidas vênias praticamente ceifou o direito a INSALUBRIDADE E APOSENTADORIA ESPECIAL para os trabalhadores em transportes, pois, em regra os ônibus das grandes cidades não produzem vibrações acima de 1,1 m/s.

A partir de 14-08-2014 ficou difícil conseguir comprovar a exposição a vibração de corpo inteiro (VCI) acima dos limites de tolerância e, consequentemente lograr êxito em processos de Insalubridade e especialmente de aposentadoria especial.

◆ ◆ ◆

IV - A APOSENTADORIA ESPECIAL DOS MOTORISTAS E COBRADORES DE ÔNIBUS APÓS A REFORMA DA PREVIDÊNCIA

A Reformada Previdência aprovada pela Emenda Constitucional 103 de 2019 praticamente acabou com a Aposentadoria Especial e/ou de risco dos trabalhadores em transportes, com exceção para aqueles que antes da promulgação da emenda

(13-11-2019) já haviam implementado as condições, ou seja, já possuíam o tempo mínimo exigível.

Vejamos o que leciona MEDEIROS nesse sentido:

> "A reforma na prática acaba com as aposentadorias especiais ao estabelecer idade e valor proporcional da aposentadoria, pois, com já abordado referidos benefícios previdenciários só fazem sentido se incentivarem a aposentação antecipada, pois, do contrário o trabalhador continuará a se expor as mais variadas condições precárias e insalubres de trabalho. A preocupação com as aposentadorias especiais é justamente com a saúde e segurança dos trabalhadores, o que foi ignorado literalmente pelo legislador constituinte derivado ao aprovar a reforma da previdência."[23]

Com isso, a Emenda Constitucional 103/2019 ao estabelecer idade mínima para APOSENTADORIA ESPECIAL, além de exigir a comprovação a exposição a agentes agressivos ceifou o exercício de tal direito.

Quanto as regras de transição em nada socorre os rodoviários, pois, estabelece idade mínima e a transição por pontos ultrapassa a idade mínima de 60 anos para 61, o que é incoerente. Nesse sentido afirma MEDEIROS:

> "...a Emenda Constitucional 103/2019 acaba por ceifar referido direito pois estabelece idade de 60 anos, obrigatoriedade de comprovação da exposição, além de alterar o valor do benefício que começa no valor de 70% (setenta por cento), antes da reforma era integral. Com isso, é imprescindível que o Congresso Nacional reveja essa incoerência que levou ao estabelecimento de idade e de redutor no valor do benefício de aposentadoria especial, do contrário

> certamente inúmeros serão os trabalhadores acometidos de acidentes e doenças ocupacionais. Quanto a regra de transição por pontos para as aposentadorias especiais de 25 anos não tem razão de ser, pois, acaba elevando a idade de 60 anos (regra geral para aposentadoria especial de 25 anos) para 61 anos, pois, são necessários 86 pontos com 25 anos de efetiva exposição, quando se retira os 25 anos de 86 pontos fica 61 anos de idade."[24]

Abaixo colacionamos uma tabela extraída do LIVRO A PREVIDÊNCIA REFORMADA DO PROFESSOR JOSÉ JUSCELINO FERREIRA DE MEDEIROS[25], que bem representa as regras de transição para implementação das aposentadorias do regime geral de previdência social, bem como, da aposentadoria especial dos RODOVIÁRIOS, **VEJAMOS:**

REGRAS DE TRANSIÇÃO	
RGPS – Regime Geral de Previdência Social	
Os segurados do referido regime poderão se aposentar antes de completarem as idades de 62 anos (mulheres) e 65 anos (homem) nas condições abaixo:	
Por pontos	É necessário que o segurado tenha 30 anos (mulher) e 35 anos (homem) de contribuição, além, do total de pontos 86 (mulher) e 96 (homem).
Por idade	É necessário que o segurado tenha 30 anos (mulher) e 35 anos (homem) de contribuição, mais a idade de 56 anos (mulher) e 61 anos (homem).
Pedágio e fator	Aplica-se aos segurados que quando da pu-

previdenciário	blicação da Emenda Constitucional 103/2019 tenha 28 anos de contribuição (mulher) e 33 anos de contribuição (homem), poderá se aposentar desde que cumpra um pedágio correspondente á 50% do tempo faltante a 30 anos de contribuição (mulher) e 35 anos de contribuição (homem). Nesse caso, para se fixar a RMI será levada em consideração a média de todos os salários de contribuição desde o ano de 1994 e se aplicará o fator previdenciário.
Pedágio (100%)	Aqui o pedágio é de 100% do que faltar para completar o tempo que falta, contando a partir de 30 anos de contribuição (mulher) e 35 anos de contribuição (homem) e, tendo a idade de 57 anos (mulher) e 60 anos (homem).

RGPS – Regime Geral de Previdência Social	
REGRAS DE TRANSIÇÃO DAS APOSENTADORIAS ESPECIAIS	
Por pontos	- 66 pontos (para aposentadoria especial de 15 anos). - 76 pontos (para aposentadoria especial de 20 anos). - 86 pontos (para aposentadoria especial de 25 anos).

Com isso, é simples concluir da urgência que se faz para o Congresso Nacional alterar a Constituição para afastar os óbices que inviabilizam o exercício da APOSENTADORIA ESPECIAL PELOS RODOVIÁRIOS.

V - A PROPOSTA DE EMENDA CONSTITUCIONAL 133/2019

Conforme já abordado nesse livro a Reforma da Previdência aprovada através da Emenda Constitucional 103/2019, mudou completamente o regime geral de previdência social no Brasil, em certa medida retirando direitos dos segurados, atinentes as especificidades de determinadas atividades como é o caso do

RODOVIÁRIOS.

No tocante a Aposentadoria Especial é demasiadamente prejudicial, pois, ao estabelecer idade de 60 anos e redução no valor do benefício é justamente para inviabilizar o direito a Aposentadoria, na prática muitos morrerão antes de implementar as condições.

Com isso, encontra-se em andamento na Câmara dos Deputados a PEC[26] 133/2019, conhecida como projeto de emenda a constituição paralela que busca corrigir parte dessas distorções aprovadas com a reforma. O Senado Federal já aprovou a PEC 133/2019, encontrando-se em tramitação na Câmara dos Deputados.

No texto aprovado pelo Senado entre outras alterações foi reduzido o tempo mínimo de contribuição dos homens para 15 anos, vez que, hoje se encontra em 20 anos. Flexibiliza ainda, a regra de transição para aposentadoria por idade das mulheres (60 anos), pois, a REFORMA EM VIGOR elevará a idade das mulheres em 6 meses ao ano até chegar os 62 anos, já a PEC paralela em tramitação aprovou que a idade deverá subir 6 (seis) meses a cada 2 (dois) anos, o que é razoável e benéfico para as seguradas que estão próximo da aposentadoria.

É importante lembrarmos que constava da reforma da previdência a aposentadoria especial por exposição a periculosidade, o que desconfigurava as especificidades das atividades perigosas, além, de vetar a utilização da periculosidade para efeito de aposentadoria especial, ou seja, acabava literalmente com o BENEFÍCIO PREVIDENCIÁRIO DE APOSENTADORIA POR EXPOSIÇÃO A AGENTES: Inflamáveis, explosivos e eletricidade.

Contudo, a pressão das categorias envolvidas no Congresso Nacional foi contudente e eficiente, o que levou o governo a retirar da reforma a aposentadoria por exposição a periculosidade e, em contrapartida encaminhou um projeto de lei específico tratando da matéria, qual seja, PLC 245\2019 que tem a seguinte EMENTA:

> "Regulamenta o inciso II do § 1º do art. 201 da Constituição Federal, que dispõe sobre a concessão de aposentadoria especial aos segurados do Regime Geral de Previdência Social cujas atividades sejam exercidas com a efetiva exposição a agentes nocivos prejudiciais à saúde."

Com isso, podemos afirmar que é necessário que toda a sociedade se mobilize, em especial os trabalhadores em transportes no sentido de pressionar os congressistas quando da eventual aprovação da PEC 133-2019, a restabelecerem as prerrogativas mínimas asseguradas anteriormente aos rodoviários, **afastando idade e proporcionalidade no valor do benefício.**

CONCLUSÃO

A conclusão é direta e sem maiores considerações de que a REFORMA DA PREVIDÊNCIA aprovada através da Emenda Constitucional 103/2019, na prática acabou com qualquer expectativa do Direito a APOSENTADORIA ESPECIAL E/OU DE RISCO dos trabalhadores em transportes.

Qualquer simulação que se possa realizar na pretensão de buscar a APOSENTADORIA ESPECIAL de 25 anos as conclusões são pessimistas, **<u>com exceção daqueles que já tinham as condições implementadas antes da promulgação da Emenda Constitucional 103/2019.</u>**

Do contrário terão que se submeter as novas regras que exige idade mínima de 60 anos, o que por si só já inviabiliza o exercício da APOSENTADORIA ESPECIAL, além do valor do benefício ser proporcional.

As regras de transição para a APOSENTADORIA ESPECIAL no casos dos trabalhadores em transportes (25 anos) conforme já tratamos são piores do que a regra geral, pois, no caso de transição por pontos para os rodoviários a idade aumenta de 60 para 61 anos, o que é totalmente incompatível e desproporcional.

Com isso, a REFORMA suplanta a APOSENTADORIA

ESPECIAL DOS TRABALHADORES EM TRANSPORTES.

Cabendo a sociedade e a categoria dos RODOVIÁRIOS atuarem junto ao Congresso Nacional para que esse quadro seja alterado ainda nessa legislatura, pois, se assim ficar posso concluir que poucos serão os trabalhadores de serviços insalubres que poderão conseguir o exercício da Aposentadoria Especial.

BIBLIOGRAFIA

BRASIL. Emenda Constitucional 103, de 13 de novembro de 2019. Diário Oficial da União, 220, 13 nov. 2019. Disponível em: <http://www.planalto.gov.br/ccivil_03/constituicao/emendas/emc/emc103.htm> Acesso em: 10 janeiro.2020.

BRASIL. Lei n. 8.213, de 24 de julho de 1991. Dispõe sobre os Planos de Benefícios da Previdência Social e dá outras providências. Diário Oficial da União, 25 jul. 1991, texto original. Disponível em: <http://www.planalto.gov.br/ccivil_03/leis/l8213cons.htm> Acesso em: 10 janeiro de 2020.

BRASIL. Constituição da República Federativa do Brasil de 1988. Diário Oficial da União, 191-A, 5 out. 1988, p. 1. Disponível em: <http://www.planalto.gov.br/ccivil_03/constituicao/constituicao.htm> Acesso em: 10 jan. 2020.

BRASIL. Decreto n. 3.048, de 06 de maio de 1999. Aprova o Regulamento da Previdência Social, e dá outras providências. Diário Oficial da União, 07 maio, 1999. Disponível em: http://www.planalto.gov.br/ccivil_03/decreto/d3048.htm Acesso em: 08 jan. 2020.

CANOTILHO, J.J. Gomes; MENDES, Gilmar Ferreira; SARLET, Ingo Wolfgang; STRECK, Lenio Luiz. Comentários à CONSTITUIÇÃO

DO BRASIL, 1ª ed. 5ª reimp.., São Paulo, Saraiva/Almedina.

FRAGA, Luís Alves De – **Metodologia da Investigação**. Lisboa: UAL – Universidade Autónoma de Lisboa, 2015.

KERTZMAN, Ivan. Direito Previdenciário. 14. ed. rev., ampl. e atual. Salvador: JusPodivm, 2016.

LEITÃO, André Studart; MEIRINHO, Augusto Grieco Sant'Anna. Manual de Direito Previdenciário. 4. ed. São Paulo: Saraiva, 2016.

MEDEIROS, Jose Juscelino Ferreira De.; Os impactos do trânsito no trabalho dos profissionais do transporte coletivo da Cidade de São Paulo. 1ª ed. São Paulo, 2019. *Independently Published*. ISBN. 9781081707460.

MEDEIROS, Jose Juscelino Ferreira De.; A Previdência Reformada. 1ª ed. São Paulo, 2019. *Independently Published*. ISBN. 9781710080322.

MEDEIROS, Jose Juscelino Ferreira De.; DANTAS, A. D. A Reforma Trabalhista e Suas Implicações Sociais e Jurídicas para os Trabalhadores Brasileiros. 1ª ed. São Paulo, 2019. *Independently Published*. ISBN. 9781703766158.

ROCHA, Daniel Machado; BALTAZAR JUNIOR, José Paulo. Comentários à lei de benefícios da previdência social. 10. ed. rev. atual. Porto Alegre: Livraria do Advogado Ed.: Esmafe 2011.

RIBEIRO, Maria Helena Carreira Alvim. Aposentadoria especial: regime geral da previdência social. 5. ed. Curitiba: Juruá, 2012.

OS AUTORES

JOSÉ JUSCELINO FERREIRA DE MEDEIROS

Possui graduação em Ciências Jurídicas e Sociais - DIREITO (Universidade Guarulhos). Especialista em Processo Penal (UNI/FMU). Especialista em Políticas Públicas e Gestão Governamental (EPD/SP). Mestrando/Doutorando em Ciências Jurídicas pela Universidade

Autónoma de Lisboa-Pt. Especializando em Direito do Trabalho pela Pontifícia Universidade Católica (PUC) do Rio Grande do Sul. Advogado trabalhista, previdenciário e sindical. Atualmente é Advogado do Sindicato dos Motoristas de São Paulo. Sócio de Medeiros & Batista Sociedade de Advogados. Assessor Jurídico da Nova Central Sindical dos Trabalhadores de São Paulo - NCST/SP. Integrante dos Grupos de Trabalho GTT do Ministério do Trabalho que discute alterações nas Normas Regulamentadoras NR.24 e NR.15. integrou a Comissão de Direito Sindical da Ordem dos Advogados do Brasil (OAB/SP) no período de 2016/2018. Palestrante, conferencista Internacional em Direito do Trabalho, previdenciário, Sindical e Saúde e Segurança laboral. Professor e Técnico de Segurança do Trabalho.

TRABALHOS TÉCNICOS:

MEDEIROS, Jose Juscelino Ferreira De.; A Previdência Reformada. 1ª ed. São Paulo, 2019. *Independently Published*. ISBN. 9781710080322.

MEDEIROS, Jose Juscelino Ferreira De.; Os impactos do trânsito no trabalho dos profissionais do transporte coletivo da Cidade de São Paulo. 1ª ed. São Paulo, 2019. *Independently Published*. ISBN. 9781081707460.

MEDEIROS, Jose Juscelino Ferreira De.; DANTAS, A. D. . Reforma Trabalhista: implicações Sociais e Jurídicas para os trabalhadores brasileiros (setor de transporte). Revista do 7º Congresso dos Condutores de São Paulo, São Paulo, p. 10 - 49, 08 nov. 2017.

MEDEIROS, Jose Juscelino Ferreira De.; DO HORÁRIO DE INTERVALO E SEU FRACIONAMENTO NO TRANSPORTE RODOVIÁRIO URBANO DE PASSAGEIROS (Lei. 12.619/2012). 2012.

MEDEIROS, Jose Juscelino Ferreira De.; Aposentadoria Especial e Insalubridade para Motoristas e Cobradores de Ônibus Urbanos. 2010.

MEDEIROS, Jose Juscelino Ferreira De.; Direito Previdenciário: aspectos especiais do trabalhador de transporte. 2010.

MEDEIROS, Jose Juscelino Ferreira De.; SOUZA, E. C. ; FESTINO, L.

A. . Condições Sanitárias e de Conforto nos Locais de Trabalho a Céu Aberto. 2007.

MEDEIROS, Jose Juscelino Ferreira De.; SOUZA, E. C. ; FESTINO, L. A. ; SANTOS SOBRINHO, J. B. Condições de Acessibilidade, Conforto e Segurança no Transporte Com Ônibus Coletivo de Piso Baixo Central. 2007.

MEDEIROS, Jose Juscelino Ferreira De.; O Nexo Causal das Doenças Ocupacionais. 2004.

São Paulo, janeiro de 2020.

https://josejuscelinoferreirademedeiros.com
http://mebsociedadedeadvogados.com.br
jose.juscelino@terra.com.br

CLEIDE REGINA QUEIROZ BATISTA

Possui graduação em Ciência Jurídicas e Sociais – DIREITO (Universidade Paulista - UNIP). Advogada trabalhista, previdenciária e sindical. Sócia de Medeiros & Batista Sociedade de Advogados.

São Paulo, janeiro de 2020

http://mebsociedadedeadvogados.com.br

cleidebatista4391@gmail.com

NOTAS

[1] **RODOVIÁRIOS** – Aqui entendido como os motoristas e cobradores de ônibus urbanos.

[2] **PENOSIDADE** - Atividade que submete os empregados a condições incômodas, árduas e de difícil execução. A Constituição Federal de 1988 no seu artigo 7º, inciso XXIII determina que aqueles que trabalham em condições penosas devem ter acrescido a sua remuneração um adicional, vejamos: "**Art. 7º São direitos dos trabalhadores urbanos e rurais, além de outros que visem à melhoria de sua condição social: XXIII - adicional de remuneração para as atividades penosas, insalubres ou perigosas, na forma da lei;**" contudo, o entendimento é que essa norma é limitada, ou seja, carece que uma lei seja aprovada para regulamentar a sua aplicabilidade, o que até então inexiste para os trabalhadores regidos pela Consolidação das Leis do Trabalho (CLT). Quanto aos servidores públicos a Lei 8.112/90 (conhecida como estatuto dos servidores públicos da União) nos seus artigos 70 e 71 tentou disciplinar o adicional de penosidade, contudo, o Superior Tribunal de Justiça restringiu sua aplicabilidade, justamente pelo fundamento de que a norma do artigo 7º, XXIII tem eficácia limitada.

[3] **INSALUBRE** – Atividade insalubre é aquela que com a exposição provocará danos à saúde. O artigo 189 da Consolidação das Leis do Trabalho (CLT) traz um conceito legal para insalubridade com a seguinte afirmação: "**Art. 189. Serão consideradas atividades ou operações insalubres aquelas que, por sua natureza, condições ou métodos de trabalho, exponham os empregados a agentes nocivos à saúde, acima dos limites de tolerância fixados em razão da natureza e da intensidade do agente e do tempo de exposição aos seus efeitos.**" A Norma Regulamentadora NR. 15 do extinto Ministério do Trabalho no subitem 15.1., também busca conceituar a insalubridade da seguinte forma: "15.1 São consideradas atividades ou operações insalubres as que se desenvolvem: 15.1.1 Acima dos limites de tolerância previstos nos Anexos n.º 1, 2, 3, 5, 11 e 12;" Os anexos acima se referem a exposição a ruído, calor, radiações ionizantes, agentes químicos, poeiras minerais. As atividades de exposição a vibrações, frio, calor, ra-

diações não ionizantes, trabalho sob condições hiperbáricas, benzeno e agentes biológicos também são consideradas insalubres.

[4] MEDEIROS, Jose Juscelino Ferreira de. Os impactos do trânsito no trabalho dos profissionais do transporte coletivo da Cidade de São Paulo.

[5] MEDEIROS, José Juscelino Ferreira de. A Previdência Reformada. pág. 23.

[6] A Organização Internacional do Trabalho (OIT) é uma agência das Nações Unidas criada em 1919 através do tratado de Versalhes, voltada a disciplinar condições de trabalho, saúde e segurança laboral. O OIT tem composição tripartite: trabalhadores, empregadores e o governo.

[7] Essa redação é do texto da Constituição alterado em 1998 através da Emenda Constitucional de nº. 20. Pois, a redação atual dada pela a Emenda Constitucional 103/2019 é diferente.

[8] SILVA, José Afonso da. Curso de direito constitucional positivo. 16ª ed., São Paulo: Malheiros, 1999. P. 806.

[9] Instruções normativas disponíveis no site do Instituto Nacional do Seguro Social (INSS).

[10] MEDEIROS, José Juscelino Ferreira de Medeiros. A Previdência Reformada.

[11] MEDEIROS, Jose Juscelino Ferreira de. A Previdência Reformada. pág. 21/22.

[12] MEDEIROS, José Juscelino Ferreira de Medeiros. Os impactos do trânsito no trabalho dos profissionais do transporte coletivo da cidade de São Paulo.

[13] BELTRÃO, José Beltrão de Medeiros. Laudo de Aposentadoria Especial – março/2010.

[14] Revista de Saúde Pública v. 39 n.1 São Paulo – Jan. 2005 – Exposição combinada entre ruído e vibração e seus efeitos sobre a audição de trabalhadores. LUIZ FELIPE SILVA (Do Centro de Referência em Saúde do Trabalhador do Estado de São Paulo) e RENÉ MENDES (Do Departamento de Medicina Preventiva da Faculdade de Medicina da Universidade Federal de Minas Gerais).

[15] Tese de Doutorado apresentada ao Departamento de Saúde Ambiental da Faculdade de Saúde Pública da Universidade de São Paulo – USP. LUIZ FELIPE SILVA. Professor orientador: Dr. René Mendes.

[16] Revista Brasileira de Engenharia Biomédica, v. 18, n. 1, p. 31-38, jan/abr 2002. Avaliação da transmissibilidade da vibração em bancos de motoristas de ônibus urbanos: um enfoque no conforto e na saúde. ALEXANDRE BALBINOT (Da UTP – Faculdade de Ciências Exatas e Tecnologia – PUCRS – Faculdade de Engenharia e ALBERTO TAMAGNA (Da UFRGS – Escola de Engenharia).

[17] Tese de Doutorado apresentada a Faculdade de Engenharia da Universidade Federal do Rio Grande do Sul – UFRGS – "CARACTERIZAÇÃO DOS NÍVEIS DE VIBRAÇÃO EM MOTORISTAS DE ÔNIBUS: UM ENFOQUE NO CONFORTO E NA

SAÚDE" de ALEXANDRE BALBINOT.

[18] Artigo de Gedriano dos Santos Cardoso.

[19] MARCOS ROBERTO QUEIROGA (Mestre em Engenharia de Produção – Ergonomia da Universidade Federal de Santa Catarina, docente da Universidade Estadual do Centro Oeste - UNICENTRO) e SANDRA AIRES FERREIRA (Grupo de Estudo e Pesquisa em Cineantropometria para Saúde e Desempenho Atlético).

[20] MEDEIROS, José Juscelino Ferreira De., e SOARES, Kleber Torres – Riscos Da Exposição à vibração de corpo inteiro. Revista CIPA nº. 378, de maio/2011. Pag. 136/146.

[21] FUNDACENTRO – Fundação Jorge Duprat Figueiredo de Segurança e Medicina do Trabalho.

[22] "DIRECTIVA 2002/44/CE DO PARLAMENTO EUROPEU E DO CONSELHO de 25 de Junho de 2002 relativa às prescrições mínimas de segurança e saúde respeitantes à exposição dos trabalhadores aos riscos devidos aos agentes físicos (vibrações) (décima sexta directiva especial na acepção do n.o 1 do artigo 16.o da Directiva 89/391/CEE)."

[23] MEDEIROS, Jose Juscelino Ferreira de. A Previdência Reformada. pág. 27.

[24] MEDEIROS, Jose Juscelino Ferreira de. A Previdência Reformada. pág. 23.

[25] Idem – pág. 24/25.

[26] Projeto de Emenda à Constituição.